MW00324131

Hazme reír, ¡soy tu madre!

BARBARA JOHNSON

GRUPO NELSON

Una división de Thomas Nelson Publishers

Juntos inspiramos al mundo

www.gruponelson.com

Editorial Betania es una división de Grupo Nelson
© 2006 por Grupo Nelson
Una división de Thomas Nelson, Inc.
Nashville, Tennessee, Estados Unidos de América
www.gruponelson.com

Título en inglés: *Humor Me, I'm Your Mother!*
© 2006 por Barbara Johnson
Publicado por W Publishing Group
Una división de Thomas Nelson, Inc.

A menos que se indique lo contrario, todos los textos bíblicos han
sido tomados de la Nueva Versión Internacional® NVI® © 1999
por Internacional Bible Society®.
Usado con permiso.

Traducción: *Pedro Cruz*
Diseño interior: *Robert Otero*

ISBN-10: 0-88113-989-0
ISBN-13: 978-0-88113-989-1

Impreso en Estados Unidos de América

Dedicado a

las madres que les gusta reír y

que necesitan un pequeño estímulo.

Contenido

1

Introducción

Haz sólo lo que te digo y nadie saldrá herido

*A*lgunas amigas estaban comparando sus notas sobre la maternidad, riendo mientras admitían asombradas las cosas que salían de sus labios: las mismas amenazas ridículas y advertencias que sus propios padres les habían hecho a ellas varias décadas antes. Estas madres habían jurado que nunca dirían semejantes cosas a sus propios hijos, pero esas palabras se les escaparon de todos modos sin apenas darse cuenta, de manera inesperada.

«Si tengo que parar este auto, ¡te voy a castigar de verdad!» confesó una madre después de haber gritado hacia la parte trasera de una mini camioneta. Su propia madre le había hecho esa amenaza a ella y a su hermano un millón de veces, dijo ella, «generalmente con una mano al volante mientras con la otra se abanicaba salvajemente haciendo llegar el aire hasta el asiento trasero de la mini camioneta mientras mi hermano y yo nos zambullíamos y saltábamos tratando de mantenernos fuera de su alcance».

Ella no recordaba de hecho que su madre detuviese alguna vez el auto, «pero golpeaba el freno varias veces para hacernos pensar que se disponía a hacerlo». Ahora esta madre admitía que gritaba «las mismas cosas que me gritó mi madre, y como ahora los niños usan el cinturón de seguridad (que mi hermano y yo nunca usamos), de vez en cuando logro atinar a uno o dos de ellos cuando golpeo con la mano hacia atrás».

«¡No me hagan subir!» dijo otra madre, abriendo sus ojos y apuntando con los dedos hacia una escalera imaginaria.

«Si haces eso otra vez, vas a desear no haberlo hecho», añadió otra madre. «Y otra cosa..., ¡te vas a sacar un ojo con esa cosa!»

CHICOS, ¡UNA DE DOS O SE QUEDAN TRANQUILOS AHÍ ATRÁS *AHORA MISMO* O VOLVEMOS A CASA YA!

* POR PATROCINIO DE LA ASOCIACIÓN AMERICANA DE VIAJES PARA PADRES.

Sin duda, nosotras las madres hemos heredado las palabras, y sabemos cómo usarlas, y tenemos la habilidad de pasar instantáneamente de lo ligero y dulce al monstruo hormonal. Como lo planteó una madre riendo: «Estoy conectada directamente con el cielo y el infierno, y puedo cambiar en un instante. Es un rasgo que heredé de mi madre».[1]

Como madre de cuatro hijos, se me dan muy bien las advertencias, las afirmaciones y otros mensajes maternos que se han hecho eco por los pasillos y las autopistas del mundo durante generaciones enteras. Se me conoce por lanzar algunos de ellos. (A pesar de haber sido una niña dulce y perfecta, rara vez escuché a mi madre proferirme alguna de esas advertencias. ¿Lo puedes creer, verdad?)

En realidad, probablemente doy la impresión de ser una disciplinadora estricta cuando la verdad es que ha habido ocasiones en que he sorprendido a mis hijos haciendo alguna travesura, y me he unido a ellos. Quizás se ha enterado usted de la ocasión cuando llegué a la casa y los encontré a los cuatro sentados alrededor de la mesa de la cocina lanzando cucharadas de gelatina roja contra una pared de ladrillos pintados de blanco. Me quedé un minuto parada pensando en la situación, hasta que uno de los culpables me vio. Los cuatro se quedaron inmóviles, con los ojos desorbitados, conteniendo el aliento en sus pechos temblorosos. Seguro que se habían metido en un gran lío, y lo sabían. Para empezar, tendrían que limpiar la pared y limpiar cada mancha de gelatina roja de cada rendija, hendidura y depresión de los ladrillos y el cemento.

Pero mientras tanto, pensé, *parecía* divertido. Y como de todos modos tendrían que limpiar la pared, me senté en la mesa, agarré el tazón de la gelatina acercándomelo, y me uní al desastre. Lanzamos cada trozo tembloroso de gelatina contra la pared riendo y gritando con cada lanzamiento. Nos reímos como locos y entonces habló la madre: «Bueno, ¡eso ha sido divertido! Y ahora... si saben lo que les conviene» —sonreí con pleno conocimiento mientras me levantaba para abandonar la cocina— «van a limpiar este desastre de inmediato, antes que llegue su padre. ¡Que se diviertan!»

«No es justo. Precisamente cuando yo acababa de convertirme en madre, ella se convierte en abuela».

Maternidad: Sueños, gritos y aventuras

Cuando tienes cuatro hijos, como nosotros, hay ciertas frases de habla-la-madre, con frecuencia preguntas, que parecen repetirse a diario, si no cada hora:

«¿Qué te he dicho acerca de dejar abierta la puerta de la nevera?»

«¿QUIÉN ha hecho esto?»

«¿POR QUÉ lo has hecho?»

«¿No te dije que NO hicieras esto?»

Entonces, aquí está la frase favorita de la madre: «¡PORQUE LO HE DICHO YO, POR ESO!»

Ah, la maternidad. ¿Verdad que es divertida? Y agotadora, ya lo creo que es agotadora.

Ponemos el alma y el corazón en criar, enseñar, proteger y amar a esos pequeños regalos de Dios, y a cambio da la impresión de que ellos dedican toda su energía inagotable en volvernos locas o derretirnos con su encanto.

Vestimos a nuestro dulce paquetito de alegría con la ropa que ha enviado la abuela para esa importantísima primera foto de navidad en el estudio fotográfico, mientras nuestros rostros se iluminaron de orgullo en el momento en que el fotógrafo enfocaba admirado a nuestro hermoso niño… y justo en el momento en que se dispara la foto el pequeño erupciona, ya sea lanzando un proyectil de vómito o una diarrea explosiva, o las dos cosas a la vez.

Nos agotamos vistiendo a nuestros hijos para ese importantísimo primer día del preescolar, para regresar a la casa dando tumbos desde la escuela o la parada del autobús, entendiendo con cansancio que tendremos que repetir este ejercicio preparatorio loco de simulacro de incendios durante *cientos* de mañanas a partir de ese momento.

«La cenicienta vivió feliz para siempre hasta que tuvo hijos y a partir de entonces se sintió demasiado cansada como para saber si era feliz o no».

Durante los próximos trece o más años de escuela gritamos animando desde los laterales de los campos de fútbol, vendiendo galletas para las niñas, haciendo mapas de sal de Venezuela, quitando los chicles de sus cabellos y sacando cacahuates de sus narices, sacando lombrices de la tierra para proyectos de ciencia, lavando la alfombra después de la noche del cumpleaños, aprendiendo la ruta más rápida hacia la farmacia de guardia, escuchando hasta que se abre la puerta al acercarse la hora de regresar a casa, y nos secamos las lágrimas mientras nuestros pequeñitos caminaban por el escenario para recibir un diploma o mientras desfilaban por un pasillo para casarse con el pequeño de otra madre.

La maternidad es una aventura, un emocionante viaje de nudillos blancos suavizado ocasionalmente por momentos tiernos. Da la impresión de que en un momento somos padres novatos que llegan del hospital, preguntándonos cómo vamos a criar a este recién nacido, y el próximo estamos parados en la calle, agitando nuestras manos diciendo adiós al pequeño que se aleja conduciendo hacia el futuro.

La gran ironía

Para cuando hemos servido en el papel de madres durante algunos años, somos *tan* inteligentes sobre la crianza que hemos adquirido una experiencia valiosa y una enorme sabiduría. Lamentablemente, es justo en ese momento, digamos, a los doce o trece años, cuando la gente a la que estamos tratando de criar ¡parece perder todo interés en escucharnos!

Este negocio de criar a los hijos resultaría mucho más sencillo si tan sólo nuestros hijos hiciesen lo que les decimos. Pero entonces, para ser honestos, probablemente no sería tan divertido, y sin duda no resultaría tan emocionante: no habría fórmulas de bebé escupidas en la blusa de seda favorita antes de la gran entrevista, no habría obras maestras hechas con pintalabios en las paredes de la sala, no habría entierros del pececito en el patio de atrás, no habría viajes emocionantes a la sala de emergencia, no habría animales de peluche que rescatar del inodoro, no habría que sacar dientes de leche del desagüe del lavamanos, no habría que guiar durante pasajes apasionados en los turbulentos años de la adolescencia…

Sin esa clase de recuerdos, no tendríamos mucho de qué reírnos cuando miramos atrás a los años de nuestra maternidad. Por ejemplo, mi amiga Ana me contó de una vez que fueron a la casa de una amiga y encontraron una puerta de madera apoyada sobre la pared de la sala. Viendo el ceño fruncido de Ana la amiga volvió la cabeza hacia el dormitorio de su hija adolescente. «Le dije que si volvía a golpear la puerta otra vez la sacaría de sus bisagras», explicó la amiga tristemente.

«¡Yo pensé que habías dicho que *tú* te saldrías de tus bisagras!» gritó la hija, oyendo la conversación desde el dormitorio ahora sin puerta. «No sabía que tuvieses la intención de quitar la estúpida puerta. Pensé que habías dicho que se te estaba acabando la paciencia, así que pensé, *¡vaya hombre! ¿Qué hay de nuevo?* Mamá, en serio, ¿Me puedes devolver mi puerta?»

¿Se da cuenta? ¿Acaso eso no nos hace reír? Y esa es la cosa importante. En mi opinión, una de dos, o los padres que están activos se ríen o acaban en el manicomio de los confundidos. (Lo que todavía es una posibilidad en caso de que se eche a reír y no pueda parar. Tengo entendido que están considerando nombrar una sala allí en mi honor.)

«Este es el reloj perfecto para las madres.
Cada día tiene 36 horas».

Eternamente maternal

Se ha dicho con frecuencia que convertirse en madre es como tener una sentencia de por vida, sin derecho a la libertad condicional. Una vez que damos a luz, la maternidad forma parte de nuestra psiquis. Cuando nos queremos dar cuenta, esas palabras de: «soy la madre y se hace lo que yo diga» aparecen en nuestra mente y llegan a nuestros labios, y no hay básicamente nada que podamos hacer para impedir decirlas, aunque lo intentemos.

Y simplemente siguen saliendo, por mucho tiempo que pase y por muy viejas que nos hagamos. Recientemente escuché a una mujer de sesenta años, que tenía una madre de ochenta y cinco años que le envió un paquete de seis prendas interiores de algodón, del estilo que las chicas de hoy llaman «bragas largas de abuela». En su interior había una nota que decía: «Querida, recuerda siempre ponerte ropa interior limpia cada mañana. Con amor, Mamá».

Este libro se trata de las desventuras de la maternidad, esos momentos de alegrías maternales, sin importar dónde o cuándo ocurren, que nos hacen reír, tan pronto como dejamos de llorar. He dividido esta pequeña colección en grupos por edades, incluyendo algunas de mis historias cómicas favoritas, chistes, caricaturas y las historias que he escuchado, experimentado, coleccionado, temido o imaginado con la ayuda de mis amigas. (Como dice una de ellas: nunca dejo que los *hechos* se interpongan en una buena historia.) Así que, póngase cómoda, y aflójese cualquier cosa que le apriete; necesitará usted el espacio para reírte. (Yo no sé usted, pero en mi caso, esto significa estar completamente desnuda.) Ya sea que usted *sea* madre o que *tenga* una madre, no importa su edad o en qué etapa se encuentre, espero que disfrute y se ría con las próximas páginas.

«Papá dice que tienes el virus de las 24 horas…
¿Cuánto tiempo te queda?

2

Embarazo y parto

Sin duda son preciosos, pero dar a luz un niño duele

Qué tiempo tan feliz, jubiloso y emocionante es el periodo del embarazo. Yo experimenté el gozo del embarazo cuatro veces, y disfruté cada una de ellas.

Durante quince minutos.

Entonces quería que me devolvieran mi cuerpo.

No, sólo estoy bromeando. Hay muchas cosas buenas en lo que se refiere a estar embarazada. Una de mis favoritas fue que por un tiempo, ese fue sólo mi secreto. Primero fue sólo una sospecha: me atrasé unos días en mi ciclo, y comenzaba a preguntarme…

Entonces quizás pasó un mes, y mi sospecha se hizo más fuerte. Finalmente pedí una cita con el médico. Tal y como funcionaban las cosas en aquel tiempo, generalmente tenías que esperar un mes, o posiblemente dos, antes de tener la seguridad de que no estabas sola en tu cuerpo. Por fin llegabas a la consulta del médico y tenías

que dar una muestra de orina; entonces, si estabas embarazada, algunos días más tarde recibías una llamada
diciendo: «Se murió el conejo».

Bueno, no, sólo bromeaba en esto también. Eso sólo
lo decían en las comedias. En aquellos «días pasados» se
necesitaba un conejo si querías saber que estabas embarazada antes que tuvieses aspecto de estar embarazada
(era eso o sencillamente esperar nueve meses hasta ver
si efectivamente nacía el bebé). La consulta del médico
enviaba la muestra de orina al laboratorio, el laboratorio
inyectaba la orina en una coneja, y unos días después
examinaban a la conejita para ver si estaba reaccionando

de la forma que reaccionan las conejas cuando les inyectan la orina de una mujer embarazada.

Vigilando el palito de medir

En aquella época, el examen de embarazo se consideraba una ciencia moderna fascinante. En la actualidad, cuando puedes meter un palito en un vaso de orina y saber de inmediato si «ya has ganado», el examen de la coneja parece muy primitivo, ¿no les parece?

Otras parejas observan juntos ansiosamente el indicador del examen, mirando intensamente al palito para ver el color que adquiere o qué palabras o símbolos aparecen para juntos saber, en el mismo instante, si se van a convertir en padres. Algunas veces, por muy repugnante que parezca (quiero decir, lo de meterlo en orina), ese palito de examen se convierte en el primer artefacto de la familia, lo primero que se coloca en el libro del bebé. O se mete en una caja de regalo y se le entrega a la futura abuela en Navidad (¡espero que esté en una bolsa de plástico!).

Actualmente las prendas de maternidad también son diferentes. Hoy en día muchas muchachas dejan verse todo, se ponen unas pequeñas playeras y pantalones de corte bajo o faldas que les permiten lucir orgullosamente su nuevo estado de embarazo. Las celebridades modernas posan felizmente para que retraten su «protuberancia» en la prensa nacional. Esas exhibiciones hubieran resultado ofensivas durante mis embarazos. En aquel entonces, la idea principal era ocultar lo obvio durante todo el tiempo posible. Así que, las que íbamos a ser madres vestíamos ropa ancha, larga y suelta, que en los días de viento nos hacía parecer tiendas de circo, que se habían soltado de sus amarras y deambulaban calle abajo.

© 2006 Barbara Johnson.

Una cosa que posiblemente sea igual en *todas* las generaciones de futuras madres es el sentimiento acerca de que «alguien las toque». La mayoría de nosotras *no* queremos que extraños o familiares nos toquen el abdomen, tanto si escondemos nuestra protuberancia con suficiente ropa como para equipar un barco o si nos decidimos a usar un biquini revelador durante nuestro noveno mes de embarazo. Y aun así, esas manos siempre se extienden para tocarnos como si el bebé fuera un chihuahua que hiciese las veces de mascota. Creo que los diseñadores harían una fortuna vendiendo playeras de maternidad con impresos que dijesen «Propiedad privada» o «No tocar».

El tiempo en el hospital

Por supuesto, una vez que llegamos a la sala de partos, todo sentido de modestia y privacidad al que nos hemos venido aferrando durante el embarazo queda eliminado y de pronto parece que todo tipo de personas hacen fila para mirarnos las partes más íntimas de nuestra anatomía. Hasta he escuchado en estos últimos meses a algunos padres decir que celebran fiestas de bienvenida en la misma sala de maternidad del hospital para que la familia, amigos, vecinos y cualquiera que desee una comida gratuita puedan compartir dando la bienvenida al recién llegado. Me imagino que una de las ventajas de esta clase de reunión, es que puedes celebrar la fiesta y ser excusada de toda clase de hospitalidad.

Si he de ser sincera, aun si tuviera que hacerlo otra vez, creo que conservaría la forma antigua de hacer las cosas. Antes de que la mayoría de mis hijos nacieran, recibí algún tipo de inyección y disfruté de una bendita «somnolencia» durante las partes emocionantes. La excepción fue con nuestro primer hijo, Tim, que estaba tan ansioso por llegar que por poco nace en el auto. Por suerte mi hermana Janet estaba de visita el día que comencé la labor de parto. Cuando resultó evidente que mi marido no iba a llegar a tiempo, ella me llevó, muy nerviosa, al hospital y me dejó en la puerta, comenzando a buscar frenéticamente donde estacionar mientras las enfermeras me llevaron en silla de ruedas al piso de la sala de partos.

Cuando por fin Janet pudo estacionar el automóvil y averiguó dónde me habían llevado, corrió a ese departamento, decidida a estar conmigo durante lo peor de los dolores del parto, pero en lugar de eso, se encontró al médico en el pasillo que le dijo: «¡Es un niño!»

Realmente, no hay forma más fácil de que una mujer tenga un bebé que esa, a menos que los científicos puedan descubrir la forma de seguir el ejemplo de los caballos de mar y dejar que sean los padres los que pasen por el embarazo y el parto. Me gustaría vivir lo suficiente como para ser testigo de ello. Como un gracioso decía: si los hombres quedasen embarazados, ¡los nacimientos naturales no serían tan populares como lo son!

He leído acerca de una nueva tendencia que enseña a las futuras madres a auto hipnotizarse para que se relajen durante el parto. La historia describe a una mujer embarazada que aprende a imaginar que tiene un interruptor de la luz en el cuello, con el que puede apagar el dolor por medio de la hipnosis, cuando el bebé inicia su llegada.[1] Al leer esta historia, no pude evitar pensar que, con lo torpe que soy, si hubiera intentado usar esa técnica probablemente hubiese provocado un cortocircuito con el interruptor de la luz imaginario y hasta me hubiese producido un incendio a mí misma.

Pero cuando Tim nació no necesité técnicas o medicamentos. Como me dijo mi médico: «No tuviste ni siquiera la oportunidad de pujar».

Después de un parto tan fácil como este, ¿resulta sorprendente que decidiéramos tener otro hijo? Después de todo, ¡dar a luz es tan divertido!

Estilos cambiantes

Con el tiempo tuvimos otros tres bebés, todos ellos niños, y noté cómo nuestros estilos de criarles cambiaron con cada uno de ellos. Lo mismo es cierto respecto a las parejas jóvenes de hoy en día. Por ejemplo, para el primer bebé, asistes a clases semanales y practicas fielmente tu respiración. Con el segundo bebé, tratas de mantener la respiración cuando encuentras a tu hijo de dos años balanceándose en la barandilla de la escalera del sótano. Con el tercer bebé, amenazas con contener la respiración indefinidamente, a menos que el médico te dé anestesia para estar fuera de combate durante todo el tercer trimestre.

Las estrategias para lidiar con el estrés también cambian con cada niño más. Veamos, con la primera pequeña, te preocupas tanto cuando llora que nunca la dejas, constantemente la llevas en un envoltorio agarrada a tu pecho. Cuando el segundo bebé llora, lo levantas sólo cuando su histeria amenaza despertar al primogénito. Con el tercero, le enseñas a los otros dos dónde encontrar el chupete y cómo darle cuerda a la mecedora.

La manera de tratar los padres a las personas que cuidan a los niños en el hogar también cambia al ir aumentando la familia. La primera vez que dejas tu primer bebé con una persona que lo cuide, realizas una sesión de entrenamiento de dos horas y entonces llamas a la casa cuatro veces mientras corres a la oficina de correo.

Con el segundo bebé, justo antes de salir por la puerta recuerdas que tienes que dejar un número de teléfono de emergencia, el de tu vecino. Con el tercero, le dices a la encargada de cuidar al bebé que te llame si alguien necesita que le den puntos, que les entablillen un brazo o una pierna o que llame a la ambulancia.

Las actividades de los niños también cambian. A tu primer hijo le llevas a clases de natación para niños, aeróbicos para niños y masajes para niños. Al segundo niño lo llevas a la hora de la historia infantil, para poder tomarte una siesta mientras leen la historia. Al tercero los llevas por la ventanilla del McDonald.

«Tu padre y yo siempre quisimos más hijos. Nada tiene que ver con tu comportamiento».

Y por último, usas tu tiempo de manera diferente mientras aumentan tus responsabilidades relacionadas con el cuidado de los hijos y la maternidad. Antes pasabas horas cada día mirando con adoración a tu precioso primer bebé. Con el segundo bebé, le echas una mirada mientras corres para evitar que el que anda a gatas trate de subirse al acuario o que tire al gato por el conducto de la ropa sucia. Con el tercer hijo, entrenas al perro para que proteja al bebé de sus hermanitos durante varias horas al día mientras te escondes en el armario.

No importa cuántas veces te hayan llevado a la sala de partos, yo espero que estas pequeñas anécdotas te ayuden a reírte del comienzo, o quizás del nuevo comienzo, de tus años como madre cuyos hijos conocen bien el sonido de la risa de su madre.

La hilaridad de la maternidad

Una madre que disfrutaba riéndose me contó que ella y su esposo ya tenían cuatro hijos cuando nació la primera niña. Cuando su esposo llegó del hospital a su casa ese día y le dijo a sus hijos que tenían una nueva hermanita, uno de ellos exclamó: «Oh, ¡qué sorpresa se llevará mamá cuando regrese a casa!»[2]

Hay algo en la niñez que hace que se ponga de manifiesto lo delicado en la gente y les hace querer abrazar y proteger a esta pequeña cosa, que se mueve, se babea y produce lo que poéticamente llamamos popó. Hasta eso parece precioso, porque la llegada del bebé coincide con la pérdida de nuestra cordura.

—BILL COSBY[3]

Así es como el actor Paul Reiser describe el nacimiento de su primer hijo: «Recuerdo que mi esposa lloró como un bebé. Irónicamente, el niño lloró como una cuarentona enfadada. Yo lloré como un hombre de exactamente mi edad. Los tres lloramos, nos abrazamos, y lloramos un poco más, y entonces alguien amable debe habernos puesto en marcha y hecho cargo de todo, porque de

alguna manera, más tarde, nosotros tres, ahora y siempre una familia, fuimos a la casa».[4]

En su esfuerzo por preparar a los padres para los desafíos
que les esperan, muchas oficinas de obstetricia han
instalado simuladores de paternidad.

Dios me ha hecho reír, y todos los que se enteren de
que he tenido un hijo se reirán conmigo.

—SARA, ANCIANA ESPOSA DE ABRAHAM,
DE CIEN AÑOS, AL NACER SU HIJO ISAAC.
(GÉNESIS 21.6)

3

Recién nacidos y los que andan a gatas

Cómo una madre deletrea alivio: D-O-R-M-I-R

Llega a la casa del hospital con ese paquete de gozo, y ahora quizás está ante su cuna preguntándose si realmente tiene lo que se necesita para ser una madre. ¡Por supuesto que lo tiene! Pero para ayudarle a prepararse para lo que vendrá, aquí están algunas sugerencias graciosas sobre cómo puede desarrollar las habilidades necesarias para criar a los hijos durante los próximos años.

Preparación económica: Haga los arreglos para que depositen directamente el cheque de la familia de modo que esté dividido en partes iguales entre el supermercado más cercano y la oficina del pediatra durante los próximos diez años.

Preparación para el desorden: Unte los muebles y cortinas de la sala con mermelada de uva. Ahora hunda sus manos en una bolsa de tierra para plantas, límpielas en las paredes y realce las manchas con lápices de colores. Frótese un caramelo rojo a medio chupar por su cabello y luego déjelo en la alfombra nueva.

Preparación de aromaterapia: Vacíe un cartón de leche en los asientos de tela del auto de la familia, estacione el vehículo en un lugar soleado y déjelo que madure durante el mes de agosto.

BABY BLUES   POR RICK KIRMAN Y JERRY SCOTT

Preparación para soportar el dolor: Coleccione suficientes figuras de plástico pequeñas de superhéroes, las suficientes como para llenar un barril de cincuenta y cinco galones. (Los podría sustituir por tachuelas o cristales rotos.) Pida a un amigo que los esparza por todo el suelo de su casa, prestando especial atención a las escaleras. Ponga la alarma para las 2:00 a.m. y cuando suene, salga corriendo alocadamente por los campos minados de su hogar, tratando de saber de dónde procede el ruido (¿el reloj?, ¿el teléfono inalámbrico?, ¿el bebé?), entonces trate de recordar dónde lo dejó. Recuerde no gritar (podría despertar al bebé).

Preparación para las compras familiares: Lleve un rebaño de cabras al supermercado. Mantenga siempre todas las cabras al alcance de su vista, y lleve suficiente dinero para pagar todo cuanto coman o destruyan.

Preparación para agilidad aeróbica: Trate de vestir al gato de la familia con un pantalón pequeño, complete con una camisa abotonada hasta el cuello, zapatos con cordones y una corbata de lazo mientras el perro pastor alemán del vecino ladra su apoyo a medio metro de distancia. (Asegúrese que los enfermeros están cerca y listos.)

Preparación para la comida: Siéntese en el mostrador de la cocina y eche con cuidado guisantes y pudín de chocolate en una bolsa de plástico. Cuando esté completamente llena, amárrela firmemente, póngala en el mostrador a la altura de sus ojos, como a 30 centímetros de distancia de su cara; entonces pídale a su esposo que estrelle la bolsa con un diccionario sin abreviar.

Preparación para las actividades: Consiga que algún maestro de escuela amigo le grabe los sonidos de sus estudiantes de segundo grado arañando las pizarras. Entonces llene una bolsa de lona con cinco kilos del material que se coloca en las cajas donde los gatos van a hacer sus necesidades, empapado con agua. Amarre la bolsa a un tocadiscos con bocinas grandes y toque la grabación de los arañazos en la pizarra. Comenzando a las 8:00 p.m., sostenga la bolsa sobre su hombro, toque la grabación de la pizarra a todo volumen, y dé vueltas alrededor del cuarto cojeando, tocando la bolsa y susurrando suavemente. Continúe durante cuarenta minutos, entonces ponga la bolsa suavemente en la cama y apague el tocadiscos. Repita cada hora hasta las 5 a.m. Entonces arrástrese hasta la cama, ponga la alarma para las 6 a.m., y luego levántese y prepare el desayuno mientras tiene aspecto alegre. Repita durante los próximos cinco años.

«Está bien, queridos. Tendrán que andar desnudos durante uno o dos días hasta que mamá se ponga al día lavando la ropa».

Lo que más queremos

Claro que todo esto no es más que tonterías. Los recién nacidos y los pequeños que andan a gatas nunca harían que sus madres pasaran por una odisea como esa. Al menos, no intencionalmente, pero con todo y con eso, muchas madres primerizas son víctimas de lapsos fantasiosos de… sueño. Pregunte a la mayor parte de las madres en esta etapa acerca de lo que fantasean, y verá usted que no es sobre la Patrulla del Premio presentándose a su puerta con un paquete de globos y un cheque de diez millones de dólares. Lo que la mayoría quieren es sencillamente una noche completa de sueño ininterrumpido por el llanto, por los gritos o los fuertes sonidos relacionados con las desagradables funciones de cuerpos pequeños.

Por supuesto que la primera mañana que despierta y se da cuenta que ha podido dormir toda la noche, en vez de levantarse refrescada y tranquila, probablemente correrá al cuarto del bebé para asegurarse que todavía está vivo, o viva. Todas lo hemos hecho.

Nuestro hijo menor, Barney, fue el niño más exigente. Durante sus primeros meses se vio afectado por cólicos y quería una atención constante. Finalmente tuve la brillante idea (eso me digo a mí misma) de ponerlo a dormir encima de la secadora de la ropa. (Siempre soy muy cuidadosa, cuando cuento la historia, asegurándome de decir *sobre* la secadora, no *en* la secadora.)

Yo le arropaba con una suave mantita para bebés y lo metía cómodamente dentro de una canasta de mimbre, lo colocaba sobre la secadora y la ponía en un ciclo completo, cincuenta y ocho minutos. Entonces colocaba otra alarma en la cocina, con algunos minutos menos para que me diera tiempo a regresar y activar la secadora antes de que terminara el ciclo y se activara el timbre de la alarma. Barney podía estar chillando como si lo matasen, pero tan pronto como lo metía en su camita y empezaba la vibración de la secadora se dormía de inmediato.

© 2006 Barbara Johnson.

Otra madre me contó que metía a sus hijos en la cama y dejaba la aspiradora funcionando en el pasillo. «El sonido de ese motor sonando hacía que se durmiesen enseguida», decía ella. «Gasté tres aspiradoras sólo para que mis hijos se echasen su siesta».

Trucos como estos funcionan muy bien durante el día; mientras nuestros niños duermen con las vibraciones de los electrodomésticos del hogar, esa otra mamá y yo podíamos hacer algunos trabajos del hogar y atender las travesuras más recientes ideadas por nuestros otros hijos. Pero durante la noche era una historia diferente, porque yo no quería levantarme cada cincuenta y cinco minutos para reactivar la secadora (¡por no mencionar mi preocupación de que Barney se creyese que la vieja secadora Maytag era su mamá!) En lugar de eso, Bill y yo nos turnábamos paseando al bebé llorón. Como resultado, para cuando salía el sol los dos parecíamos personajes de la *Noche de los Zombis*.

¿He mencionado que la maternidad es agotadora? Me perdonan si me repito a mí misma. Sólo de pensar en esos días sin descanso y las noches angustiosas me hace sentirme cansada, ¡a pesar de todos los años que han pasado!

Desayunos de ojos con legañas

Quizás ha visto usted esos programas de TV que siguen a los médicos residentes mientras trabajan en los hospitales treinta y seis horas seguidas. Al acercarse el final de la jornada, es un milagro que esos agotados jóvenes que se preparan para ser médicos puedan encontrar el camino a la cafetera, mucho menos sacarle el apéndice a alguien. Las nuevas madres pueden experimentar la misma clase de cansancio que aturde la mente, especialmente las que dan de mamar a sus hijos, siendo la única fuente de alimentación para sus hambrientos bebés. «Algunas veces me siento como una máquina vendedora humana», decía una madre, «a excepción de que sirvo un solo sabor».

Una madre que acababa de tener un bebé cuando sus otros niños tenían cinco y tres años, recordaba los problemas que tuvo que soportar cada mañana a causa de su falta de sueño, mientras trataba de preparar el desayuno para sus dos preescolares después de haberse levantado varias veces por la noche con el bebé.

EL CIRCO DE LA FAMILIA POR **Bil Keane**

«Vamos a pedirle un cucurucho de helado a mamá».

Debido a que eran muy exigentes a la hora de comer, los mayores querían ciertas cosas muy específicas para el desayuno. El más pequeño quería «tostadas sin quemar». (Aun cuando la madre había quemado las tostadas sólo en varias ocasiones, el niño siempre pedía las tostadas «sin quemar»; aparentemente las hogazas muy hechas que ella había servido en ocasiones habían causado cierta clase de cicatriz mental.) Sus tostadas tenían que estar cortadas en triángulos y untadas con mermelada de uva, y la única vitamina infantil masticable que él aceptaría era la de naranja con la forma de Omar el ogro o algún otro monstruo adorable.

El orden del desayuno de la niñita consistía en «tostadas frías» con conservas de fresa y cortadas en tiras.

Las tostadas frías, explicaba la madre, algo avergonzada, «es pan congelado. Sé que es extraño, pero no me quejo. Al menos no podía quemarlas».

La pequeña tenía que tener las vitaminas púrpuras, las que tenían la forma de Petunia Prissypants, recordaba la madre, admitiendo años más tarde que podría haber olvidado el nombre correcto de las píldoras.

Las peticiones del desayuno eran muy específicas, pero no eran realmente complicadas. El problema era que la madre no había dormido lo suficiente, y a esa hora temprana de la mañana su cerebro no estaba en condiciones de funcionar debidamente. Así que, en más de una mañana, accidentalmente cortó el pan frío en triángulos y untó el pan sin quemar con conservas de fresa y lo que era aun peor, mientras rebuscaba entre las vitaminas buscando a Omar el Ogro y Petunia Prissypants, algunas veces se apagaba por completo y se despertaba sobresaltada algunos minutos más tarde, preguntándose por qué la sirena de tornados estaba sonando en el segundo piso y tratando de recordar las identidades de esas personas diminutas, que la miraban sobre el mostrador de la cocina, llorando porque ella «había quemado las tostadas otra vez».

Para cuando la mujer había logrado resolverlo todo, decía ella, la casa era un desbarajuste. El llanto de sirena de tornado del bebé había molestado al perro, que se había unido con fuertes y lastimeros aullidos, y en una ocasión, mientras ella daba tumbos por el segundo piso, tratando de recordar el camino al cuarto de la cuna, los dos niños de edad preescolar, astutamente conscientes de que la mente de su madre desvariaba, llamaron al 911.

Estaba un poco avergonzada al tener que explicarle al personal de emergencia lo que había sucedido, aunque fueron muy comprensivos y permitieron a los niños sentarse en el camión de bomberos mientras estaba estacionado a la entrada del garaje. Al escuchar la conmoción apareció la vecina para investigar y, al darse cuenta de la situación con el ojo de madre experimentada, invitó a los preescolares a jugar con sus hijos el resto del día, de modo que la nueva madre pudiera tomarse una siesta tan pronto como lograra dormir otra vez al bebé.

Sí, nosotras las madres tenemos un montón de historias para contar, es decir siempre que vivamos para contarlas. Aquí están algunas de mis historias cómicas favoritas. Yo espero que incluso después de pasar una noche sin dormir, le ayuden a hacer sus mañanas más felices.

La hilaridad de la maternidad

EL CIRCO DE LA FAMILIA POR **Bil Keane**

© Reimpreso con el permiso de Bil Keane.

«PJ SE ESTÁ ESCAPANDO DE LA CASA, PERO NO PUEDE ALCANZAR LA CERRADURA DE LA PUERTA».

Usted sabe que es una mamá cuando…

- Puede comunicar dos mensajes simultáneamente: uno mientras habla por teléfono y otro haciendo vigorosas señales con las manos.
- Cuando ha afinado su oído para escuchar cuando están derramando jugo rojo a tres dormitorios de distancia.

- Cuando puede mencionar de carrerilla el nombre de todos los miembros de la familia, incluyendo las mascotas, pero no el nombre del niño que está justo frente a usted.

De la boca de los niños pequeños…
¡salen cosas que no queremos ver!

EL CIRCO DE LA FAMILIA POR Bil Keane

© Reimpreso con el permiso de Bil Keane.

«¿PUEDO LLEVARME UN PLATO
DE GALLETITAS A MI DORMITORIO?»

Mona, una madre de Carolina del Sur, comparte esta historia graciosa conmigo.
Nuestra familia se sentaba en la parte de atrás de la iglesia, y cuando nuestra hija era pequeña, corría por el pasillo cuando llamaban a la «iglesia infantil». A Kaelee le encantaba sentarse en el borde de la plataforma

con los otros niños, moviendo sus piernas con fuerza durante la lección.

Un domingo cuando Kaelee tenía tres años, corrió para sentarse en la plataforma, como siempre lo hacía. Como estábamos sentados atrás, no podíamos ver bien lo que estaba sucediendo, pero mientras daban la lección de los niños, una pequeña ola de risas se extendía por la congregación.

Cuando llegamos a casa de la iglesia, ayudé a Kaelee a cambiarse de ropa y ponerse la que usaba para jugar y ¡me sorprendí al ver que no tenía ropa interior bajo su traje!

«Kaelee, ¿dónde están tus bragas?» le pregunté.

«¿Dónde *están* mis bragas?» repitió la niña como un eco un tanto extrañado.

Me di cuenta entonces de que antes de ir a la iglesia le había dado el traje a Kaelee, los zapatos y los calcetines para que se los pusiera, pero no las bragas. Y *entonces* recordé cuánto le gustaba a Kaelee mover sus piernas bien alto mientras estaba sentada en la plataforma. Y la risa que se había escuchado durante el sermón de los niños.

Mi madre estaba escuchando mientras yo enlazaba los hechos. Ella se rió y dijo: «Todos ustedes van a tener que trasladar su membresía».

Esa noche vi a la esposa del pastor y se estuvo riendo conmigo y dijo: «No me había dado cuenta que tengo que hacer una revisión de bragas a mis niñas antes de comenzar el culto para niños».[1]

Un bebé es por un lado un sonido fuerte y por el otro
una absoluta falta de sentido de responsabilidad.[2]

EL CIRCO DE LA FAMILIA POR **Bil Keane**

«QUISIERA PEDIR QUE ME DESPERTASEN SEA CUAL
FUERE LA RAZÓN PARA LO QUE ME DESPIERTO».

Cuando Olivia, de tres años, se enfadó con su mamá,
apeló a una autoridad superior. No, no fue la abuela. Le
dijo a su madre, muy molesta: «Mamá, voy a tener que
hablar con Dios sobre este asunto».[3]

—FUENTE DESCONOCIDA

Me di cuenta, con mucho interés, que cuando Dios
hizo al primer ser humano, Adán, lo creó como un adulto
completo y de esa forma se evitó totalmente los pañales,
los cólicos, el gateo, la adolescencia, y las lecciones para
aprender a conducir…

☺

Mi teoría personal es que Dios diseñó la paternidad, en parte, como un gigantesco ejercicio para crear el carácter, y como Dios no necesita personalmente mejorar su carácter, no se molestó en obligar a Adán a comer puré de guisantes.

—DAVE MEURER[4]

☺

No hay nadie más sediento que un niño de cuatro años que se acaba de ir a la cama.

—FRAN LEBOWITZ[5]

☺

Me encanta el día festivo que ha propuesto una brillante mujer para que las madres que están en sus hogares puedan descansar un poco. Lo ha llamado «El Día de Por Favor Lleve a Mis Hijos al Trabajo».[6]

☺

Un bombero de la localidad estaba enseñando a los niños de cuatro años acerca de la seguridad contra incendios. Una de sus primeras preguntas fue: «¿Qué debemos hacer cuando se nos incendia la ropa?»

Al instante uno de los niños gritó: «¡Cerrar la puerta del armario!»

—TIM BETE[7]

☺

El Señor levanta a los caídos y sostiene a los agobiados.

—SALMO 145.14

4

Los cables vivos de la edad escolar

Viajando a Villaproblema

*U*sted pensará que cuando los niños van a la escuela, la vida de la madre va a ser más fácil y en algunos casos lo es. Ahora Mamá dispone de varias horas durante el día para sí misma o su carrera, entre las llamadas de los chicos rogando que les lleve al salón de clases las cosas que han olvidado y las llamadas de la escuela diciendo que Juancito se ha roto un dedo jugando a esquivar la pelota y necesita ir a la sala de emergencia.

Pero para esas madres con hijos cuyas cabezas están llenas de células cerebrales con tendencia a olvidar, a soñar despiertos, a la curiosidad, la imaginación, a buscar emociones o hacer travesuras, ¿y no es eso lo que hacemos todos nosotros?, los años escolares parecen presentar toda una nueva era de desventuras emocionantes. Estos son los años en los que nuestros hijos parecen deambular o correr de cabeza hacia Villaproblema y con demasiada frecuencia parecen arrastrar consigo a toda la familia, o a todo el vecindario. Estos son los días y las noches dominados por momentos cargados de adrenalina, que permanecen en la memoria de una madre mucho después de que el corazón deje de estar acelerado y de que la presión sanguínea haya vuelto a la normalidad.

Comprometido

Los que no son padres pueden oler una ola de humo, sentir un goteo de agua del grifo del primer piso, o escuchar cómo se abre una ventana y permanecer en ese lugar más tiempo, pensando acerca de lo que está sucediendo. Sin embargo, una madre experimentada, que tiene hijos en edad escolar, salta de inmediato de su silla e investiga la escena del crimen, esperando encontrar a alguien jugando con cerillas en la alfombra de la sala, inundando la bañera del segundo piso mientras trata de bañar el gato o animando a una ardilla para que entre en el dormitorio untando el marco de la ventana con mantequilla de cacahuates.

Adaptándonos ante las sorpresas de la edad escolar

Esta es la época de nuestras vidas en la que contestamos el teléfono y nos quedamos heladas cuando la que llama se presenta a sí misma diciendo: «Hola, Shirley, soy Margarita, del otro lado de la calle».

Nuestro instinto materno nos dice que nos espera algo malo, y seguramente, las próximas palabras que escucharemos serán: «Creí que te interesaría saber que hay algunos niños sentados en el techo de esa casa vacía junto a la tuya. Uno de ellos se parece a tu Toby. La buena noticia es que parece que están haciendo sus tareas escolares».

A la semana siguiente es el turno de Shirley de llamar a Margarita: «Creí que te gustaría saber que unas niñas pequeñas están jugando en una camioneta estacionada en tu entrada principal. Una de ellas se parece a tu Abby. Y me parece que acabo de escuchar que ponían el motor en marcha»

«No te preocupes mucho por esta nota… la maestra parecía muy enojada cuando la escribió».

Cuando eres una madre de niños de edad escolar, en un momento podrías estar caminando felizmente entre los tulipanes sobre la punta de tus pies y en el próximo encontrarte de narices sobre la tierra de la desesperación. Dos madres caminaban por un vecindario un domingo por la tarde, charlando complacidas porque habían completado sus ejercicios cuando doblaron la esquina y vieron cuatro autos de la policía estacionados frente a una casa vacía de su cuadra. Preguntándose qué sucedería, se acercaron, ¡para tan sólo encontrar a sus hijos recostados contra la pared, con las manos en alto, los pies separados, mientras dos de los oficiales los registraban hasta abajo! Los chicos habían decidido examinar el interior de la casa vacía en el mismo día que el dueño había decidido esperar adentro para ver quién estaba entrando en ella.

Una madre por poco sufre un infarto cardiaco cuando llegó del supermercado y encontró a su pequeña de seis años saltando hasta el cielo en el trampolín del patio de atrás. Por supuesto que eso, en sí mismo, no era nada nuevo. El problema era la compañera de su niñita en el trampolín: su nueva amiga, la hija de un brillante abogado de litigio especializado en daños personales que acababa de mudarse al vecindario. Con terribles visiones de heridas, demandas y pérdida del hogar, la mujer convenció rápidamente a las niñas de alguna manera que se bajasen del trampolín y entrasen en la casa a jugar a las cartas.

EL CIRCO DE LA FAMILIA   POR **Bil Keane**

«¿Por qué está ese tonto tocando su bocina?»

Traviesos indicadores de carrera

A esta edad, la aguda imaginación de los niños con frecuencia les lleva a cometer acciones y travesuras que les dan a sus padres una indicación de lo que escogerán como carrera en el futuro. Por ejemplo, hace años una mujer escuchó a su hijo y su hija jugando en el patio de atrás, excavando trincheras y construyendo fuertes para protegerse del ataque de agentes enemigos imaginarios a los que llamaban «los diarreas». Su hijo es ahora un ingeniero y la hija está estudiando medicina.

Muchos emprendedores empresarios de edad escolar colocan un puesto para vender limonada; se ha sabido de otros con sentido de negociante más creativo que añaden la distribución gratuita de tarjetas de béisbol de la valiosa colección de su padre como incentivo para atraer clientes.

EL CIRCO DE LA FAMILIA   POR **Bil Keane**

© Reimpreso con el permiso de Bil Keane

«En vez de tiempo de castigo, ¿puedo simplemente pagar una multa?»

Una madre llamada Lisa describió el incidente cuando su hijo Matt, de seis años, exhibió una gran cantidad de talentos, que le podrían ser útiles para hacer carrera como persona que saluda a los clientes al entrar en Wal-Mart, un agente de mercado, o un director de funeraria. Matt era un cinguillo, cuyo cerebro estaba siempre lleno de nuevas ideas y aventuras, que mantenía a su madre constantemente en estado de alerta total.

Lisa, su esposo y sus tres hijos, incluyendo al pequeño Matt, regresaban a su pueblo de origen y se reunieron con otros miembros de la familia para un funeral. Era una situación trágica, una dolorosa pérdida para la familia, pero Matt encontró la forma de insertar una chispa de risa aun en esa ocasión sombría.

Durante el tiempo de visitación a la funeraria, la familia estaba haciendo una fila informal en la recepción, dando la bienvenida a los amigos y vecinos que habían llegado para expresar sus condolencias. «Yo estaba en pie allí con mis dos hijos mayores cuando de repente me di cuenta de que no veía a Matt por ninguna parte», dijo Lisa. «Cuando un amigo a quien conocía llegó hasta la fila le pregunté si había visto a Matt».«Está de pie, junto a la puerta principal, dando la bienvenida a la gente», contestó el amigo.

Conociendo la reputación de Matt para hacer y decir cosas que son, digamos, fuera de lo ordinario, Lisa se apresuró a salir. Y claro, allí estaba Matt, amablemente manteniendo la puerta abierta mientras la gente llegaba, diciendo: «¡Bienvenido a la funeraria! Gracias por venir. Por favor, firmen el libro. Si la página está llena, por favor pase la página. Se aprecian las propinas, pero no son necesarias».

Para cuando su mamá le agarró, Matt tenía $1.25 en su bolsillo. «Le agarré por la oreja y le arrastré hacia adentro», dijo Lisa.[1]

© 2004 por Randy Glasbergen.
www.glasbergen.com

«No estoy diciendo que los niños de hoy están demasiado protegidos, pero yo nunca tuve que usar un casco protector para hacer tostadas».

Cuando mamá pierde la cabeza

Para muchas de nosotras, madres de niños escolares, una de las causas más comunes de estrés son los viajes escolares, cuando a los padres se les pide que ayuden a controlar a un grupo de escolares en la visita a un lugar que podría ser muy divertido o interesante, si no hubiesen niños por todas partes, ocho de los cuales podrían ser los que se supone que debemos tener a la vista y asegurarnos de que no se metiesen en problemas en cada momento de la excursión.

Son muchas las cosas que pueden salir mal en una excursión escolar, y por lo general no son las cosas que se esperaban o que se habían planeado. Pidieron a una mamá de Florida que condujese detrás del autobús escolar cuando la clase de su hijo hizo un viaje a Epcot, de modo que tuvieran los recursos para conducir a los niños pequeños más problemáticos sin, digamos, llevar a todos los que estaban en el autobús a la tienda para reemplazar los zapatos que Suzy había perdido en algún lugar en el recorrido por el agua en las exhibiciones noruegas.

DANIEL EL TRAVIESO

«HORA DE LEVANTARSE. ESTE INDIVIDUO QUIERE VER A LA SEÑORA DE LA CASA».

Antes de salir de la escuela, la maestra les había dado instrucciones muy estrictas a los padres. «Es preciso que se mantengan todo el tiempo con los niños que les hemos asignado. Tienen que estar con ellos tan pronto como salgan del autobús, y nunca deben estar fuera del alcance de su vista. Hemos tenido problemas en el pasado con niños que se han separado y se han perdido y créanme, eso no es algo por lo que queremos pasar otra vez. Creo que una de las madres todavía está bajo terapia».

EL CIRCO DE LA FAMILIA ®   POR **Bil Keane**

© Reimpreso con el permiso de Bil Keane

«ESTOY CASTIGADO. LE DIJE UNA
PALABRA MÁS A MI MAMÁ».

Así que la mamá siguió al autobús muy contenta, agradecida de que no tenía que conducirlo, pero cuando llegaron a Epcot, enviaron a los autobuses a un enorme estacionamiento y los automóviles a otro. Con las instrucciones de la maestra todavía resonando en sus oídos, se apresuró a estacionar su auto mientras se esforzaba por mantener «su» autobús a la vista, entre las docenas de otros autobuses que daban vueltas por el estacionamiento. Entonces corrió a través del vasto pavimento, encontró el autobús correcto y guió a sus niños hasta el parque.

Sólo fue a la hora de salir cuando se dio de bruces con la terrible verdad. Se había concentrado de tal modo en mantener el autobús a la vista que no recordaba dónde se había estacionado entre los nueve mil espacios disponibles. Mucho después de que el autobús escolar hubiese regresado ella todavía estaba recorriendo las filas, arriba y abajo, en un carrito de golf conducido por un empleado del parque, miserablemente tratando de encontrar a su auto. Finalmente recordó, varias horas más tarde, que ese día ella estaba conduciendo el auto de su marido.

Y no son solamente las madres que van a los viajes escolares las que disfrutan toda la aventura. Algunas veces las madres que se quedan atrás también tienen pesadillas. Por ejemplo, una chica que se mareó durante el largo viaje en autobús vomitó en su bolsa del almuerzo durante el viaje escolar. Le pidió a la mamá de su grupo que la llevara durante todo el día en el capitolio del estado para que no se tirase accidentalmente a la basura. Pues en la bolsa del almuerzo, mezclado con los sándwiches sin comer y su desayuno devuelto, ¡estaba el aparato de ortodoncia de mil dólares, que la madre de la niña tuvo que rescatar de ese lío cuando la niña llegó por fin a su casa!

Aun hay una historia, a veces me pregunto si realmente puede ser verdad, acerca de un viaje a un pequeño zoológico, donde a los niños se les ofrece un paseo especial que incluye una visita personal y cercana a un gracioso joven elefante. El encargado del animal estaba parado junto al cariñoso gigante, invitando a los estudiantes a tocar la asombrosa trompa del elefante: hasta se les permitió que le alimentaran con maní (cacahuates). Mientras el administrador del zoológico explicaba las costumbres del elefante, sus características y trasfondo, el día se puso más caliente, y uno de los chiquillos se quitó su abrigo y lo levantó sobre la cabeza de sus compañeros para dárselo a la mamá del grupo.

La trompa del elefante se disparó como un rayo y agarró el abrigo rojo, se lo echó a la boca y se lo tragó. Los chicos gritaron y el encargado golpeó al elefante con su vara hasta que vomitó el abrigo. Alguien lo echó en una bolsa de plástico, y más tarde se lo entregaron con todo cuidado a la madre del niño. Ella quería tirarlo, pero él la convenció que lo lavase y se lo diese. «Soy el único en la clase que tiene un abrigo que se lo comió un elefante», explicó él.

La madre sólo se sentía agradecida por el hecho de que el abrigo saliese por la parte de adelante del elefante.

Oh, cuántos recuerdos se crean durante esos años escolares que tan rápidamente transcurren, llenos de emoción, que pasan volando. Si tenemos suerte, viviremos lo suficiente como para reírnos de ellos, una vez que se disipe el humo y se repare el daño.

La hilaridad de la maternidad

La mayoría de los niños amenazan en algunas ocasiones con marcharse del hogar. Esto es lo único que hace que algunos padres sigan adelante.

—PHYLLIS DILLER[2]

☺

Al pequeño Billy le dejaron preparando el almuerzo. Cuando su mamá regresó con una amiga vio que Billy ya había colado el té.

«¿Has podido encontrar el colador de té?», preguntó su madre.

«No, mamá, no pude encontrarlo, así que usé el matamoscas», contestó Billy.

Su madre casi se desmaya, así que Billy añadió rápidamente, «No te preocupes, mamá. He usado el viejo».[3]

☺

A veces los niñitos que participan en juegos con pelota se distraen. Durante un juego, un jugador apuntó hacia el centro del campo cuando llegó su turno al bate. Al principio parecía como si estuviese imitando a Babe

Ruth, señalándole a los fanáticos hacia dónde iba a realizar un *home run*. Entonces oí el sonido de un camión de helados que pasaba. Todo el equipo se dio vuelta y comenzó a caminar hacia el camión, como si estuviera en trance. Todos, excepto el de segunda base que estaba escribiendo su nombre en la tierra, el de primera base que estaba tratando de atrapar una mariposa, y el del campo derecho que estaba practicando algunas de sus volteretas.[4]

☺

«Yo le prometí a mi maestra que llevaría tu intestino pequeño para el proyecto de la Feria Científica».

(Se desconoce el origen de las siguientes historias cómicas.)

Estas son algunas cosas que usted probablemente nunca oirá decir a una madre:

«Deja todas las luces encendidas, este mes tenemos dinero de sobra para la factura mensual».

«Déjame oler esa camisa. Sí, todavía puedes usarla una semana más».

«Está bien, puedes quedarte con ese perro extraviado; yo te lo cuidaré con mucho gusto».

«Bien, si la mamá de Timmy dice que está bien, eso es suficiente para mí».

«No necesitas toalla de papel; límpiate la nariz con las mangas de la camisa».

«No te preocupes de usar abrigo. El viento va a dejar de ser tan frío».

☺

Fenómenos que las madres han aprendido de sus hijos:

- Una cama de agua grande contiene suficiente agua para llenar una casa de seiscientos metros cuadrados con diez centímetros de profundidad.
- Un ventilador en el techo puede disparar una bola a una gran distancia.
- Los cristales de una ventana no pueden detener una pelota disparada por un ventilador en el techo.
- Cuando escucha a alguien tirar la cadena del inodoro y oye las palabras «oh, oh», ya es demasiado tarde.

- Las canicas en el tanque de la gasolina hacen mucho ruido cuando estás conduciendo.
- El ciclo giratorio de la lavadora de ropa no mareará a una lombriz de tierra; sin embargo, sí marea a los gatos.
- Los gatos pueden vomitar el doble de su peso cuando están mareados.

Después de dos días seguidos de nieve las madres de Curdley decidieron asaltar la casa del director de la escuela.

Todas las cosas en él subsisten.

—COLOSENSES 1.17 (RVR 1960)

5

Adolescentes y jovencitos

Cómo me salieron canas en el pelo

Durante unos doce años más o menos, tus hijos estuvieron convencidos de que eras lo más grande de la creación. Los puedes ir a buscar a la parada del autobús, llevando puestos los viejos pantalones de deporte y la playera manchada de tu marido, y ellos se lanzan a tus brazos contándote emocionados sus aventuras como si hubieran estado en la Guerra de los Cien Días, pero entonces llega la mañana en que llegan para el desayuno y te inclinas para darles el beso de buenos días acostumbrado sólo para escuchar: «¡Por favor, mamá! Ya no soy un bebé. ¿Quieres dejar de besarme como si fuese un niño pequeño? Déjame en paz».

En caso de que ahora sea madre de unos dulces y adorables pequeños que gatean, quiero compartir con usted esta información, no con la intención de asustarle, sino para prepararle, y hacer que se sienta tranquila.

Esto no es más que una etapa. Es muy posible que sus hijos atraviesen esta época sin cicatrices y salgan de ella con su personalidad normal y agradable intacta. Siento decirle que no puedo prometerle que será lo mismo en su caso. Pero con un poco de suerte, ellos se acordarán de visitarle ocasionalmente en la Casa de los Desorientados.

Copyright 2002 por Randy Glasbergen.
www.glasbergen.com

GASTOS = CRECIMIENTO
CRECIMIENTO = TRABAJOS
TRABAJOS = SEGURIDAD
SEGURIDAD = FELICIDAD

GLASBERGEN

«…y esa es la razón por la que necesito un aumento en la mesada».

Si está comenzando esta etapa, probablemente necesitará empezar a practicar algunos ejercicios de flexibilidad para que pueda hacer frente a los vaivenes del estado de ánimo de sus hijos adolescentes y jovencitos. Durante los próximos años, es muy probable que en ocasiones sea el centro de gran adoración y consideración en un momento (por ejemplo, cuando su hijo de séptimo grado está dulcemente tratando de convencerla para que le compre el juego de video más reciente) y en el próximo, se encuentre con un exabrupto inexplicable (cuando le explica que no, que no puede recibir dos años de adelanto en su mesada).

Si sus hijos son como la mayoría que está atravesando esta etapa, están descubriendo emociones nuevas y estremecedoras, que son características, especialmente el sarcasmo y la estupidez. No hay nada que más les guste que usar esos intrigantes descubrimientos para dar rienda suelta a la histeria en sus atormentadas madres, a quienes les dicen cosas como: «Cálmate, mamá. Yo sólo atravesé el portón del garaje, no es como que derribé toda la casa».

«Realmente sólo vine aquí a tumbarme un rato.
En casa no puedo descansar».

Mi consejo es: prepárese para hacer frente a las cala-midades, disfrute los momentos de calma entre los conflictos, y ríase de todo lo que le sea posible. Finalmente, consiga un buen psicólogo… y *ore*.

¡No me dirás que te vas a poner *eso*!

Muchos muchachos tienen un sentido de la moda muy especial durante estos años. Las madres que tienen hijas son las que mayores dificultades tienen durante esta etapa. Un día su pequeña princesa se ha puesto un traje con volantes y zapatos con hebilla, y a la mañana siguiente sale de la habitación llevando puestos una diminuta camiseta muy corta, una mini falda, unas botas militares y ha usado un pintalabios de color negro.

Y justo cuando se ponen ropa que le producirían un ataque cardiaco a las victorianas, se dan cuenta de la horrorosa falta de sentido de la moda de sus madres. Por ejemplo, uno de los más grandes desacuerdos en relación con los estilos de moda usados por las adolescentes y sus padres en este momento tiene que ver con la altura en la que debe estar la cintura. Mientras muchos hijos de la posguerra se sienten felices usando pantalones y camisas hasta lo que realmente es la cintura, los más jovencitos prefieren el estilo mucho más abajo, que hace que el resto de nosotras creamos en milagros. (El milagro es que esa ropa no se les caiga hasta los tobillos cada vez que se muevan.)

SPEED BUMP POR Dave Coverly

SI LOS MUCHACHOS DE HOY DÍA SON MUCHO MÁS GORDOS, ¿POR QUÉ SE LES CAEN SIEMPRE LOS PANTALONES?

Las «complicaciones» de conducir

Los muchachos en esta etapa también tienen un nuevo sentido acerca de lo que es y no es el transporte apropiado. De buenas a primera, el muchacho al que su madre acostumbraba a llevarle a la escuela en una mini camioneta le pide a su madre que le deje en la esquina en vez de dejarle en la puerta de la escuela. Pero tan pronto como estos muchachos se sacan su propio carnet de conducir no hay forma de decir de qué clase de vehículo se enamorarán.

Nuestro hijo Tim conducía un pequeño escarabajo Volkswagen, con una gigantesca llave de dar cuerda pegada en la parte de atrás. Y nuestro hijo Steve condujo… un coche fúnebre. Sé que suena extraño, pero otra vez, tengo que admitir que fue divertido. Mientras Steve y yo conducíamos de la iglesia a la casa un domingo pasamos por un lote de autos donde vendían este enorme Cadillac fúnebre negro por sólo $350 (han pasado décadas, pero hasta en aquella época era realmente una ganga).

«¡Wow!» exclamó Steve. «¿No sería maravilloso tener algo así?»

«Mamá… por favor no me digas que ésta eres tú, con uno de esos horribles pantalones acampanados».

No hacía mucho tiempo que Steve tenía su carnet de conducir y estoy segura de que nunca soñó que yo accedería a comprar un auto fúnebre. Pero nos detuvimos y hablamos con el vendedor y examinamos de cerca el enorme vehículo. El interior estaba tapizado con un hermoso terciopelo púrpura, y había un compartimiento cerca de la parte trasera que contenía un pico y una pala. Para Steve eso fue amor a primera vista.

Bill ya había regresado de la iglesia a casa con nuestros otros hijos, así que tomé una decisión rápida y le escribí un cheque para comprar el auto fúnebre. Steve apenas se podía contener mientras lo conducía hacia la casa.

Cuando llegamos, Bill apenas se pudo contener tampoco, pero no de alegría. Requirió maniobrar la conversación de manera rápida para convencerle de que le permitiera a Steve quedarse con el auto. En realidad en esa época no estábamos en condiciones para hacerlo porque Bill todavía estaba recuperándose de un grave accidente automovilístico, que por poco lo deja en estado vegetal por el resto de su vida, así que teníamos muchas cuentas que pagar y pocos ingresos. Pero, necesitábamos alguna diversión en nuestra vida y el auto fúnebre era sin duda muy divertido.

Los amigos de Steve estaban fascinados con el auto fúnebre. Querían sentarse en él, conducirlo y hasta probar el pico y la pala. Sólo hacía seis millas por galón, pero siendo un buen negociante, Steve se las arregló para sacarle algunos dólares alquilándoselo a sus amigos el día de Halloween. Lo decoraron y se divirtieron conduciéndolo por los alrededores, asustando a los vecinos. Todavía tengo fotos de esa noche de Halloween, y también fotos de Steve y sus amigos camino a la playa con su auto fúnebre, con sus tablas de hacer surf sobresaliendo por la parte de atrás.

«RELÁJATE MAMÁ... SÓLO SON MACARRONES».

Además de su pequeño Volkswagen, Tim también condujo un auto fúnebre, de color rosa. Bueno, no era suyo realmente, y no era tampoco realmente de color rosa; por lo menos él insistía que no lo era. Pertenecía a la funeraria donde estuvo trabajando a tiempo parcial durante un tiempo (una compañía que era conocida por sus vehículos de color «rosa»). Nuestro primogénito era un joven muy serio y consciente que, como tantos muchachos de su edad, tenía un retorcido sentido del humor. Mientras Steve pensaba que conducir un auto fúnebre era divertido, Tim pensaba que era divertido trabajar para una funeraria. ¿Qué podía decir yo?

La idea de Tim de hacer algo realmente gracioso era traer arcos de los arreglos florales de la funeraria y decorar nuestros perros o gatos con «descanse en paz» o «Dios bendiga a abuelo Hirám». (Durante una conversación que tuve hace varios años, conté cómo Tim trajo los arcos de la funeraria para los perros y los gatos, y de una encantadora anciana que vino después y dijo: «Señora Johnson, me siento mal porque su hijo ha traído unos huesos de la funeraria». Traté de asegurarle que Tim nunca había traído huesos a la casa, sólo los arcos.)

Algunas veces Tim paraba en casa para comer mientras estaba trabajando, dejando el coche fúnebre estacionado a la entrada. Un día llevó con él a su hermanito Barney a la funeraria. Asegurándose que no había nadie alrededor, Tim permitió que Barney se metiera dentro de un ataúd vacío en la sala de ventas, sólo para ver cómo se sentía. Entonces (sólo para bromear), ¡Tim cerró la tapa! (¡Ya les dije que tenía un retorcido sentido del humor!)

Barney lanzó un alarido y Tim abrió la tapa en unos segundos, después de disfrutar una buena risotada a costa de Barney, por supuesto.

No es de sorprender que Barney lo contase todo cuando llegó a casa, y yo le di un discurso a Tim acerca de los peligros de encerrar a su hermano en un ataúd. «¡Podrías marcarlo de por vida!» le advertí. (Nunca sabe qué clase de discurso deberá darle a sus hijos, ¿no es cierto?)

© 1999 Randy Glasbergen. www.glasbergen.com

«Estoy formando un grupo de apoyo para las madres que se sienten angustiadas por la cocina, los hijos y el trabajo del hogar. Nos reunimos cada noche de la semana de 5:00 a 10:00 p.m.»

Al día siguiente Barney fue a la escuela y contó de nuevo a sus compañeros lo que había sucedido. Su maestra escuchó su increíble historia y más tarde me llamó por teléfono: «Señora Johnson, no quisiera decirle esto, pero me temo que Barney está comenzando a decir mentiras. Está llegando con historias que simplemente no pueden ser verdad». Cuando me dijo lo que Barney había dicho, yo le aseguré que, lamentablemente Barney *no* estaba mintiendo y que la historia era cierta. «Su hermano mayor sencillamente tiene un sentido del humor muy diferente», le dije con una risa contenida. No estoy totalmente segura de haberla convencido.

Ahora bien, este libro es acerca del humor, y no quiero robarle nada del gozo de la diversión que ofrece. Pero mientras estoy hablando de Tim y Steve y sus divertidas actitudes y sus autos locos, tengo que decir lo agradecida que estoy por estos recuerdos pintorescos, porque eso es lo único que me queda de estos dos hijos preciosos. Steve murió en Vietnam, y cinco años más tarde Tim murió en un accidente automovilístico causado por un chofer borracho en Yukon Territory, Canadá, mientras regresaba a casa desde Alaska. Sí, he aprendido por las malas a reír en cada oportunidad que tengo, de modo que pueda guardar dulces recuerdos para disfrutarlos durante los días oscuros que podrían esperarnos en el futuro.

Sujétese para resistir el impacto

Para muchos padres, los recuerdos más cómicos y los más posiblemente terribles tienen su origen en esos días en que nos comemos las uñas cuando los adolescentes están aprendiendo a conducir. Pocas cosas representan un mayor desafío que estar sentado en el asiento del pasajero mientras el nuevo chofer nos asegura tranquilamente: «Relájate mamá, yo sé lo que estoy haciendo».

Una madre de dos adolescentes dijo que estaba segura de que se le habían congelado los brazos permanentemente en la «postura de agarre» después de pasar dos años seguidos en el asiento del pasajero, junto a sus chóferes con permiso de conducir para conductores principiantes. Durante uno de esos episodios, que ponen los pelos de punta, dijo ella, estaban conduciendo por las afueras del pueblo en una autopista de dos carriles. Su hijo de quince años, que había recibido su carnet de conducir para principiantes la semana anterior, estaba al volante, y su hermana de catorce estaba en el asiento de atrás.

«Parece otro caso de parálisis MEHC, Madre Enseñando a sus Hijos a Conducir».

© 2006 Barbara Johnson.

«Yo sabía que había un puesto de verduras más adelante, así que le avisé a Marcos las veces suficientes para que parase al llegar», recordaba ella. «Varios autos se acercaban a nosotros por el otro carril y Marcos aparentemente no quería tener que esperar a que pasasen antes de que pudiera pasar él, así que giró de repente a la izquierda, apenas pasando al tráfico que venía. Cuando abrí mis ojos, estábamos navegando por el paseo del lado izquierdo con autos que pasaban disparados a nuestra derecha y un tren pasando junto a nosotros en la vía a nuestra izquierda. Todo aquello me dejó mareada, y seguí gritando al tiempo que cerraba los ojos de nuevo».

El puesto de verduras y un poste de la luz estaban todavía a un cuarto de milla más adelante. Y mientras los dos aterrorizados pasajeros de Marcos se agarraban para soportar el impacto, Marcos bajó tranquilamente a toda velocidad por el paseo izquierdo, evitando el poste de la luz por escasas pulgadas, para finalmente deslizarse hasta detenerse frente a la mesa de los tomates, envolviendo al negocio y sus clientes en una nube tormentosa de polvo y arena. Fue una de las llegadas más espectaculares jamás realizadas, dijo la madre, en ese tranquilo negocio del campo.

Ya sea que esté deslizándose suavemente a través de este segmento de la autopista de la maternidad o gritando a todo pulmón en el asiento del pasajero yo espero que de alguna manera encuentre la manera de divertirse y disfrutar el viaje. Algún día, si todavía su mente está intacta cuando el polvo se haya asentado, podrá mirar atrás a esos tiempos que fueron un desafío y atesorará esos recuerdos, que compartió con sus hijos durante sus años de la adolescencia y de la juventud.

La hilaridad de la maternidad

Clases de la vida para los adolescentes

Algunas madres están animando a las escuelas para que incluyan en sus currículos cursos especiales que ayuden a los estudiantes a aplicar principios científicos a la vida diaria. He aquí algunas de las clases que se han propuesto.

Cómo Cerrar la Puerta de la Nevera: *Frías lecciones sobre cómo funcionan las bisagras.*

Los Suelos y las Cestas de la Ropa: Cómo Entender la Diferencia: *Presentación de Videos con Muestras.*

Los Suelos y las Cestas de la Ropa (excitantes): Función y Uso General: Oportunidades excitantes de primera mano para transportar ropa sucia de un lado al otro (Tema relacionado: Los Cubos de la Basura y Cómo Funcionan).

Humedad y Hongo 101 (clasificado R; no recomendado para los de estómagos débiles): El Monstruo que Vive Debajo de tu Cama en la Caja de Pizza del Mes Pasado: *Exhibición de fotografías realzadas por aromaterapia.*

Los Sorprendentes Secretos de la Economía: Aceptando el Hecho de que tu Madre No Es una ATM: *Aprende* la corta palabra que pone dinero en tu bolsillo: Ganarlo.

Relaciones: ¿Te Vas a Morir por Llevar a tu Hermana al Cine de vez en cuando? *Historias sorprendentes sobre cómo realizar y sobrevivir a un acto de bondad.*

En su libro *Nelson's Big Book of Laughter* [El Gran Libro de la Risa de Nelson], Lowell Streiker comparte esta historia sobre su vecina Marie:

> Un sábado por la noche me despertó el timbre del teléfono. Con voz somnolienta y molesta contesté: «Hola».
>
> La fiesta al otro lado de la línea se detuvo por un momento antes de comenzar apresuradamente un largo discurso. «Mamá, te habla Susana, siento mucho despertarte, pero te llamo porque voy a llegar un poco tarde a casa. Mira, el auto de papá tiene una rueda vacía, pero no es mi culpa. ¡En serio! No sé cómo ha sucedido. La rueda sencillamente se vació mientras estábamos en el cine. Por favor, no te enfades, ¿de acuerdo?»
>
> Como no tengo una hija sabía que la persona había discado un número equivocado. «Lo siento querida», respondí, «pero tengo que decirte que has llamado al número equivocado. No tengo una hija llamada Susana. De hecho, no tengo una hija».

Una pausa. «Por Dios, Mamá», llegó la voz entrecortada de la joven, «no sabía que te fueses a molestar tanto».[1]

☺

No hay nada malo que al intentar razonar con los adolescentes no empeore.[2]

☺

EXTRAÑO

«*A tu edad es normal que odies tu cuerpo. Pero cuando crezcas aprenderás a odiar los de las otras personas*».

© Dan Piraro. Reimpreso con el permiso de King Features Syndicate.

☺

P: ¿Cuántas madres de adolescentes se necesitan para cambiar una bombilla?

R: Sólo una. Ella solita, ella cambia las bombillas y los rollos del papel higiénico y la ropa de cama y cambia el reloj en otoño y en primavera y lo hace sin AYUDA de

NADIE, ¿y sabe por qué? Porque NADIE en esta casa levanta un dedo para ayudar en NADA, EN NINGÚN SITIO, EN NINGÚN MOMENTO. Si algo *necesita* cambiarse por aquí, usted puede OLVIDARSE DE PEDIRLE AYUDA A ALGUNO DE LOS ADOLESCENTES, POR FAVOR, porque ellos están MUY OCUPADOS con sus JUEGOS DE VIDEOS MUY IMPORTANTES y SUS LLAMADAS TELÉFONICAS y sus MENSAJES INSTANTÁNEOS MUY IMPORTANTES. Ni siquiera PIENSE en pedirles que HAGAN ALGO ÚTIL, COMO CAMBIAR UNA BOMBILLA O COMO, AUN MÁS RIDÍCULO, SACAR LA BASURA. La pobre vieja MADRE hace todos los cambios por aquí, y lo ha hecho DESDE QUE LES CAMBIABA LOS PAÑALES, y ellos no lo apreciaban entonces, y como es lógico NO LO APRECIAN TAMPOCO AHORA. Y si por casualidad ella se CAE DE LA SILLA Y SE ROMPE EL CUELLO mientras está cambiando las estúpidas bombillas, ¿CREE QUE ALGUIEN SE VA A DAR CUENTA? ¡NI LO PIENSE! De hecho, CAMINARÁN SOBRE SU CUERPO FRÍO Y ROTO Y DIRÁN: «OYE, ¿NO CREES QUE PUDO HABER QUITADO LA SILLA AL ACABAR?»

☺

Oh, haber sido la mitad de lo maravillosa que mi hija pensaba que era y sólo la mitad de lo estúpida que mi adolescente cree que soy.[3]

☺

Norma sobre Conversación Oculta: Si no quiere que sus hijos escuchen lo que dice, pretenda que le está hablando a ellos.[4]

☺

«Hoy he hablado con un trabajador social. Si sigues tocando la música de los años setenta, me van a meter en un hogar de adopción».

☺

Criar adolescentes es como tratar de clavar gelatina en la pared.

☺

Él da esfuerzo al cansado,
     y multiplica las fuerzas del que no tiene
     ningunas.
Los muchachos se fatigan y se cansan,
     Los jóvenes flaquean y caen;
Pero los que esperan a Jehová
     tendrán nuevas fuerzas;
Levantarán alas como las águilas;
     Correrán y no se cansarán;
     Caminarán, y no se fatigarán.
—ISAÍAS 40.29-31 (RVR 1960)

6

Criando adultos

No me importa la edad que tengas, ¡todavía soy tu madre!

Los padres tienen diferentes reacciones cuando sus hijos se gradúan de la escuela secundaria y se dirigen al futuro. Algunos padres y madres pasan por un período de luto, quejándose de lo vacío que está el hogar. Otros pasan por un período de fiesta, celebrando el regreso a la libertad que disfrutaron antes de que tuvieran hijos.

Sea como fuere, el ser madre continúa a pesar de la distancia que nos separa de nuestros hijos, sea en la ciudad o en otro lugar del país. Pero para muchas de nosotras esto cambia y se vuelve diferente, en algo que se centra menos en cosas manuales, en el tiempo y la disciplina y más en la comunicación y la oración.

Según yo lo veo, Dios nos dio a nuestros hijos, y mientras estuvieron en nuestro hogar, nosotras fuimos Sus Manos en la tierra, haciendo todo lo que podíamos para criarlos de la manera que Él nos enseñó. Durante unos dieciocho años más o menos, es Su dirección, pero está en nuestras manos ponerla en práctica.

La cobertura de una madre

Como tantas madres sabemos muy bien, los hijos adultos cuando viven por su cuenta pueden tomar decisiones poco apropiadas y actuar de manera alocada. Pero si sus hijos son adultos y viven lejos de su hogar, tienen que aceptar la responsabilidad de sus propias decisiones y acciones. ¡No deje de recordarse esto a sí misma! Y recuerde lo que vengo diciendo ahora por casi treinta años a los padres que sufren: que donde no hay control, no hay responsabilidad. Si sus hijos cometen un error, usted puede ofrecerles esperanza, ayuda y apoyo. Sencillamente no se culpe a sí misma por sus problemas.

Las madres siempre se preocuparán; forma parte de nuestra naturaleza. Pero también oramos y confiamos en Dios para que proteja a nuestros hijos y les dé fortaleza para afrontar cualquier cosa que pase en el futuro. Esa es la forma de evitar que las preocupaciones nos consuman. Todavía queremos saber todo lo que ocurre en la vida de nuestros hijos (bueno, quizás no *todo*), y tratamos de ayudarles en todo lo que podemos, sin entrometernos en nuestro nuevo papel de madre de adultos, lo cual representa un delicado acto de equilibrio. El papel de madre de adultos sin ser entrometidas hace que sea difícil saber si nos inclinamos por lo que es

correcto. Aceptemos la realidad: algunas veces sencillamente no nos podemos contener.

No resistir el ser meticona

Un día nuestro hijo David vino a la cena de resurrección,
y cuando regresó a su casa (vivía como a una hora de
nosotros), se detuvo a comprar gasolina antes de llegar a
la autopista. Mientras echaba la gasolina, la manguera se
volvió loca y no se detenía. «Mamá, cuando finalmente se
detuvo, había gasolina por todas partes, en mi pelo, mis
ojos y sobre todo el suéter que me regalaste», me dijo por
teléfono cuando por fin llegó a su casa.

Horrorizada al oír lo que pasó le pregunté: «¿Y qué hiciste?»

«Fui al baño de los caballeros, me quité el suéter y decidí que estaba arruinado; simplemente lo tiré al cubo de la basura», me dijo. «Mis pantalones también estaban empapados de gasolina, ¡pero no podía tirarlos y regresar desnudo a casa!»

Agradecida de que llegó a salvo, no pude evitar obsesionarme con el suéter. Lo había comprado en el parque de diversiones Knotts Berry Farm como regalo de navidad para David, y sabía que a él le gustaba porque lo usaba casi cada vez que le veía. Me indignaba pensar que estaba doblado y desperdiciado en el cubo de la basura de una gasolinera.

Así que, (si es una madre, probablemente ya sabe qué fue lo próximo que hice, ¿no es cierto?)… agarré una bolsa de plástico y me metí en mi auto. Conduje por la ruta que pensé David había usado y me detuve en cada gasolinera entre mi casa y la autopista, ¡pidiendo permiso a los que trabajaban allí para buscar en el cubo de la basura! Lo encontré en el *octavo*, y sí que estaba empapado en gasolina. Aunque estaba bien atado en la bolsa de plástico, para cuando llegué a casa el auto estaba lleno del olor a gasolina. Bill estaba a la puerta cuando llegué, y cuando le enseñé el suéter, me dijo: «Por favor, no lo metas en casa, déjalo afuera para que se airee».

Así que lo coloqué sobre algunos muebles del jardín y lo dejé allí toda la noche, y créalo o no (recuerde que vivo en el sur de California, dónde raramente llueve) esa noche llovió a cántaros. La próxima mañana le exprimí toda la humedad que pude y lo lavé varias veces en Woolite. ¡Salió como nuevo! Muy entusiasmada lo metí en un paquete y se lo envié por correo a David, incluyendo algunos papeles finos rociados con la colonia para después del afeitado Royal Copenhagen de Bill para completarlo.

Apenas podía esperar escuchar la voz agradecida de mi hijo, diciéndome lo brillante que había sido encontrar y restaurar el suéter y lo feliz que se sentía de tenerlo de nuevo. Ni siquiera se me ocurrió que mi hijo recibió su suéter, pero se sentía avergonzado al darse cuenta de que su madre había seguido sus huellas y había escarbado en aquellos cubos de basura de aquellas gasolineras. O podría ser, por supuesto que esa fuese una idea imposible y ridícula, pero *¿era posible que pensase que yo era una meticona?*

Una semana después, por fin no pude soportarlo más. Tenía que pasar cerca de la casa de David al regresar de un retiro para mujeres del fin de semana. Le dejé un mensaje en su máquina contestadora diciendo que me detendría camino a casa para llevarle a comer. Ese domingo toqué el timbre de la puerta y David la abrió. Ahí estaba parado con su suéter favorito, una gran sonrisa en sus labios mientras extendía sus manos y decía: «¡Huéleme, Mamá!, ¡Huéleme!»

«Esa es una impresionante fiesta de Llegada de la Primavera, cariño. Eso me recuerda que tu madre te pidió que ya no fueras sincera con nosotros».

Emociones agridulces

Sí, las cosas cambian cuando nuestros hijos se vuelven adultos y se marchan del hogar. Las facturas de la electricidad y el gas son menores, al mismo tiempo que aumentan las facturas de las llamadas de larga distancia, y nuestro papel de madres evoluciona cuando nuestros hijos se mudan a sus propios hogares. Nos secamos las lágrimas del rostro cuando nuestros hijos, que estudian el primer curso en la universidad, llaman a la casa, echando de menos al hogar y sintiéndose desgraciados, y celebramos cuando recibimos la primera llamada feliz diciendo que pasaron el primer gran examen y tienen nuevos amigos. Animamos a nuestros hijos e hijas a que busquen trabajo y permanecemos en ansioso orgullo cuando nuestros hijos se gradúan del entrenamiento militar. Tratamos de no gritar cuando llegan de visita después de sentirse felices por haberse tatuado o agujereado en alguna parte de sus cuerpos. Oh, las emociones que sentimos las madres cuando nuestros pequeños se dirigen hacia el gran más allá.

«TE APUESTO A QUE SU MAMÁ LE VA A QUITAR TODOS LOS MARCADORES».

Confiando en los milagros de Dios, grandes y pequeños

En alguna parte leí un comentario que decía que las madres vigilan a sus hijos constantemente, aun cuando son adultos, con la esperanza de encontrar algún indicio de mejora. Cuando vemos que sus mentes han madurado y sus corazones se han suavizado y se han hecho más receptivos, no podemos evitar regocijarnos ¡y empezamos a pensar que quizás hicimos mejor trabajo del que pensábamos!

LA ALFOMBRA PARA RABIETAS DE MAMÁ

Cuando sienta la necesidad de tener una rabieta, coloque los pies en el espacio provisto y salte arriba y abajo rápidamente. También se permiten los gritos incoherentes. Si los síntomas persisten, repítalo tantas veces como sea necesario hasta que sus hijos se marchen del hogar. O visite a su psiquiatra más cercano. ¡Puede que Usted esté loca!

Una madre contó la historia de una hija adulta que pasó por una época especialmente difícil cuando, como dijo su madre: «Si hubiera estado tirada en el pasillo, muriéndome, ella hubiera pasado sobre mí y seguido su camino».

Pero la mujer permaneció firme en su fe y siguió orando para que Dios le diera a su hija un «espíritu dispuesto a aprender». Ella también siguió recordando cómo su Padre celestial «me amaba a pesar de todo», y decidió hacer lo mismo por su hija. «Yo sé que Dios es fiel, y yo sigo orando y manteniendo mi mirada en Él», decía ella. «Él hace milagros cada día, algunas veces en formas muy pequeñas, si podemos reconocerlas».

Llegó un momento en que su relación con su hija fue restaurada, y el año pasado salieron de viaje juntas. «Alquilamos un apartamento de dos dormitorios en la playa, pero mi hija vino y durmió conmigo para poder estar cerca la una de la otra», me dijo. «Hablamos y nos reímos y pasamos un tiempo maravilloso».

Este año volvieron a la playa, «pero esta vez alquilamos un apartamento de un solo dormitorio», dijo riendo.[1]

Enfrentándose con los dolores del corazón y las locuras

Al igual que esa madre, yo he pasado por algunos momentos difíciles y he vivido para contarlos, por lo menos algunos de ellos. Yo sé la agonía que representa la muerte de un hijo; he pasado dos veces por ello. También conozco los dolores de cabeza de estar enajenada de un hijo adulto, y he sentido el gozo de la restauración de la relación. A lo largo del camino, en los libros que he escrito, he contado mis propias experiencias en cuanto a afrontar las circunstancias agonizantes y las situaciones que hacen que se nos pongan los pelos de punta, y las respuestas de otras madres a esos libros han hecho posible que me enfrentase con todo un mundo de problemas que no sabía que existieran.

Resulta que hay madres por todo el mundo que se han tenido que enfrentar con épocas igualmente desalentadoras con sus hijos adultos y han vivido para contarlo. Algunas veces cuando se ponen en contacto conmigo, sienten que apenas están vivas, pero ahí están, aferrándose a la esperanza. ¡Qué agradecida estoy de que Dios me haya bendecido con el don de ayudar a que muchas de ellas aprendan a hacer lo que parecía imposible: reír otra vez!

Como puede imaginarse usted, la muerte de nuestros dos hijos fue el periodo más oscuro de mi vida, pero ese tiempo difícil también incluyó otra prueba angustiosa. El día que nuestro hijo David se graduó con honores del colegio, descubrí accidentalmente en su dormitorio un cajón lleno de revistas homosexuales. De pronto sentí como si todo el aire hubiera sido extraído del cuarto, y que me habían extraído todo el aire del pecho. No podía creer lo que estaba viendo. No podía creer que *mi* hijo estuviera interesado en ese material horrible (al menos para mí).

Más tarde ese día me enfrenté con él y admitió que era homosexual. «O quizás», dijo, «bisexual».

Muchas veces he hecho bromas diciendo que, en ese día hace tanto tiempo, yo era muy ingenua y apenas sabía algo sobre la homosexualidad; nunca había escuchado decir a alguien que fuese *bisexual*. No sabía de qué se trataba, ¡pero me imaginaba que podía significar tener sexo dos veces al mes!

David y yo discutimos, y dije cosas de las que no tardé en arrepentirme. Después, para hacer resumir una larga historia (eso es algo que expresé antes en mis libros anteriores, especialmente *Stick a Geranium in your Hat and Be Happy!* [Pon un geranio en tu sombrero y sé feliz], David desapareció, y durante los próximos once años hubo momentos en que no supe si estaba vivo o muerto.

Después de que David se marchó estuve sumida en la miseria durante largo tiempo, pero por fin sentí la fuerza y confianza para decir: «¡Acepto lo que sea, Señor!» sabiendo que Dios me mantendría arropada en Su manto de amor pasase lo que pasase. Lo que Él hizo por mí fue casi milagroso. Llenó mi destrozado corazón con la más sorprendente burbuja de gozo, una actitud que me ha llevado desde entonces a través de tiempos turbulentos y obstáculos increíbles. Recientemente, esas pruebas han incluido un tumor maligno en el cerebro y la muerte de mi esposo Bill. Pero todavía estoy aquí, todavía sigo confiando en el Señor, todavía me levanto cada día gracias a esa asombrosa burbuja de gozo.

En los últimos treinta años, más o menos, he hablado con miles de madres con corazones destrozados, cuyos hijos han muerto o cuyos hijos adultos han cambiado, yendo a lugares equivocados y tomando decisiones alocadas. El principal consejo que les doy a esas madres doloridas es que lo único que pueden hacer es amar a sus hijos. Recuerde, si no hay control, no hay responsabilidad, y al llegar a este punto sólo Dios puede cambiarlos. Así que, sólo ámelos incondicionalmente, del modo que nos ama Dios cuando cometemos errores. Eso no significa que los va a recibir otra vez y trastornar el resto de la familia. Pero ellos necesitan saber que su amor es constante.

Recuerdo haberle dicho a David antes de que desapareciera: «Yo no puedo cambiar tu vida, pero hay dos cosas que puedo hacer por ti, amarte y orar por ti. Y hasta que cierren el ataúd sobre mi cabeza y pongan un lirio en mi mano, voy a hacer eso. Sólo recuerda: te amamos incondicionalmente, y la luz del balcón siempre está encendida para ti».

Mis palabras no impidieron que se fuera, estuvo fuera durante años. Pero me gusta pensar que por fin lo trajeron de vuelta. De cualquier manera, él regresó, nuestra relación fue restaurada, y hoy día no sólo es mi hijo, sino mi amigo cercano y consuelo.

Colocando las cosas en perspectiva

No he olvidado, sin embargo, lo difícil que fueron esos años de alejamiento. La muerte de mis hijos y la enajenación de David ciertamente pusieron en perspectiva cualquier otro problema anterior «menor» de la maternidad. ¡No hay duda de ello! Nosotras las madres, que sabemos lo que es ser golpeadas sin sentido por la tragedia, no podemos sino reírnos ahora de las cosas que antes nos hacían enloquecer:

«¿Te gusta mi pelo, mamá? Es verde napalm».

«Saqué una mala nota en historia».

«Choqué el guardabarros».

«Perdí la tarjeta de crédito».

«Se me ha quemado el bizcocho y he quemado también la cocina, pero el resto de la casa está intacta».

«Me iré de casa».

«Me mudo de vuelta a casa».

A pesar de lo malo que fueron esas cosas en su momento, esos anuncios que antes parecían desastrosos ahora nos parecen muy insignificantes. Por supuesto, ahora somos personas diferentes a las que éramos en aquel entonces. Eso sucedió en aquel tiempo en que nuestras vidas parecían tranquilas y nuestras familias eran normales.

Ahora nos sentimos agradecidos si tenemos un momento de paz, y no nos hemos sentido normal desde hace mucho, mucho tiempo.

Hemos pasado por el exprimidor.

Hemos caminado por el fuego (ese aroma que usamos es el olor del humo del desastre que pende sobre nosotros).

Nos hemos arrastrado por el túnel (algunas de nosotras todavía estamos andando a tientas por la oscuridad).

Pero en las pruebas con las que nos hemos enfrentado, también ha sucedido algo bueno: Dios nos ha afinado de modo que somos más compasivas, más amorosas, más solícitas, más consciente del dolor de otras personas. Tenemos lo que yo llamo credenciales para hablar con otras personas, que nos capacitan para acercarnos a una madre que hace poco se ha encontrado en un atolladero de la vida y le ofrecemos una palabra de esperanza. Sólo con compartir nuestras credenciales y demostrarle que todavía estamos de pie, todavía respiramos, la podemos estimular para que siga adelante, recordándole que lo que Dios ha hecho por nosotras, Él lo hará por ella. Entonces podemos hablar con ella de esa otra asombrosa bendición, que es el regalo de la risa.

La hilaridad de la maternidad

(A excepción de lo que está señalado, las fuentes de las siguientes anécdotas y chistes son desconocidas.)

Cuando Jesús dijo: «En este mundo afrontarán aflicciones», no estaba bromeando. (Vea Juan 16.33.)

☺

Todos hemos escuchado del programa de doce pasos, ¿pero ha escuchado alguna vez del programa de *un* paso?

«¡WHAM! ¡Termínalo!»

☺

Si tomas cada situación como un asunto de vida o muerte… vas a pasar muchas veces por la muerte.

☺

¡YO NO QUIERO SABERLO!

INSTRUCCIONES:
Mientras las malas noticias
se acercan, agite este letrero.

☺

Justo cuando ya se puede vivir con los hijos, ellos están viviendo con otra persona.

☺

El secreto para alcanzar el éxito en el trato con sus hijos es no ser sus padres.

☺

Recuerde que los padres están llamados a darles a sus hijos un mapa del camino, pero no tienen que pavimentarle la carretera.

☺

Formas creativas de manejar el estrés

1. Olvide el régimen y envíese a sí misma una barra de dulce.
2. Ponga una bolsa de papel sobre su cabeza y escriba en ella: «Cerrada por remodelación».
3. Cepíllese los dientes vigorosamente con queso.
4. Golpéese la cabeza repetidamente en una pila de pan cuadrado ligeramente tostado.
5. Siéntese en su auto y apunte su secadora de pelo hacia el tráfico que viene como si fuera una pistola de radar.

☺

Soy viejo y me he enfrentado con muchos problemas, pero muchos de ellos nunca sucedieron.

—MARK TWAIN

☺

El mejor ejercicio para las buenas relaciones:
hacer lo imposible por complacer al otro.

La oración de una madre:
Señor, cuando estoy equivocada, ayúdame a estar dispuesta a cambiar. Cuando esté en lo correcto, ayúdame a ser una persona con la que se pueda convivir fácilmente.

☺

Pero yo siempre tendré esperanza.

—SALMO 71.14

Notas

Capítulo 1. *Introducción*: Haz sólo lo que te digo y nadie saldrá herido

1. Gracias a Jan Broadhead-Atkinson por compartir estas palabras de sabiduría.

Capítulo 2. *Embarazo y parto*: Sin duda son preciosos, pero dar a luz un niño duele

1. Vicky Cheng, "Expectant Moms Discovering Hypnosis", *Tampa Tribune*, 3 julio 2005, Baylife 9, reimpreso del *Raleigh (NC) News & Observer*.

2. Gracias a Kathleen Young por compartir esta historia.

3. De *Fatherhood* por Bill Cosby, copyright 1986 por William H. Cosby, Jr. Usado con permiso de Doubleday, una división de Random House, Inc.

4. Paul Reiser, *Babyhood* (New York: William Morrow, 1997), p. 78. Reimpreso con permiso de Harper Collins.

Capítulo 3. *Los recién nacidos y los niños que andan a gatas*: Cómo una madre deletrea alivio: D-O-R-M-I-R

1. Gracias a Mona Ivy por compartir esta historia.

2. Ronald Knox, citado en Geoff Tibballs, ed., *The Mammoth Book of Zingers, Quips, and One-liners* (New York: Carroll & Graf, Avalon Publishing Group, 2004), p. 59.

3. Gracias a Karen Braswell por compartir esta historia.

4. Dave Meurer, *Boyhood Daze: An Incomplete Guide to Raising Boys* (Grand Rapids: Fleming H. Revell, una división de Baker Publishing Group, 1999), p. 13.

5. Fran Lebowitz citado en Tibballs, *Zingers*, p. 197.

6. Para detalles acerca del día de fiesta propuesto por Jennifer Singer, vea su sitio www.mommasaid.net.

7. Porciones tomadas de *In the Beginning… There Were No Diapers* por Tim Bete, 2005. Usado con permiso de la editorial Sorin Books, una impresora de Ave Maria Press, P. O. Box 428, Notre Dame, IN 46556, www.avemariapress.com.

Capítulo 4. *Los cables vivos de la edad escolar:* Viajando a Villa-problema

1. Gracias a Lisa Martin por compartir esta historia.

2. Phyllis Diller, citado en Tibballs, *Zingers*, p. 106.

3. Bob Phillips, *World's Greatest Collection of Good Clean Jokes* (Eugene, OR: Harvest House, 1998). Usado con permiso. www.harvesthousepublishers.com.

4. Tomado de *In the Beginning* por Tim Bete, 2005.

Capítulo 5. *Adolescentes y jovencitos:* Cómo me salieron canas en el pelo

1. Lowell Streiker, *Nelson's Big Book of Laughter* (Nashville: Thomas Nelson, 2000), p. 417.

2. Ibid., p. 418.

3. Charlie "T". Jones and Bob Phillips, *Wit and Wisdom* (Eugene, OR: Harvest House, 1977), p. 137.

4. Paul Dickson, *The Official Rules at Home* (New York: Walker, 1996), p. 24.

Capítulo 6. *Criando adultos:* No me importa la edad que tengas, ¡todavía soy tu madre!

1. Gracias a Linda Wilson por compartir esta historia.